AF390371

DE

LA RELIGION

DANS L'INSTRUCTION PUBLIQUE.

ERRATA.

Page 39, lig. 4 et suiv. de la note, au lieu de :

> . . . . . . *Veneris monumenta nefende*
> *Illic minotaurus inest suppostaque furto*
> *Pasiphæ. . . . .*

lisez :

> . . . . . . *Veneris monumenta nefandæ*
> *Illis minotaurus inest suppotasque furto*
> *Pasiphæ. . . . .*

Pages 40, lig. 9 et 10, au lieu de :

> . . . . *Quod medicorum est*
> *Permittunt tractant fabrilia fabri,*

lisez :

> . . . . *Quod medicorum est*
> *Promittunt medici, tractant fabrilia fabri*

DE
LA RELIGION

DANS L'INSTRUCTION PUBLIQUE,

ou

ESSAI SUR LES DÉVELOPPEMENS QU'EXIGE L'ÉDUCATION RELIGIEUSE,
ET SUR LES LIMITES OÙ IL CONVIENT DE LA RENFERMER.

PUBLIÉ PAR AUGUSTE GADY,

Correspondant des Sociétés d'agriculture, sciences et arts d'Evreux; royale académique
des sciences de Paris, et royale des sciences, belles-lettres et arts d'Orléans.

Singula quæque locum teneant sortita decenter.
HOR., De Art. poet.

PARIS,

J. G. DENTU, IMPRIMEUR-LIBRAIRE,

RUE DES PETITS-AUGUSTINS, N° 5.

NOVEMBRE 1822.

AVIS DE L'ÉDITEUR.

Depuis bien des siècles, l'expérience a démontré que c'est dans l'enfance qu'il faut préparer l'homme ; que sa bonne ou mauvaise conduite, ses principes, ses facultés physiques et morales et son caractère, dépendent principalement de l'éducation civile et religieuse qu'on lui a donnée, et se ressentent toujours des impressions qu'il a reçues à cet âge tendre, où la nature l'a doué de toutes les dispositions propres à garantir le succès de son instruction.

C'est à la religion et à l'éducation, que l'on doit attribuer les progrès de la plus haute civilisation et des lumières ; c'est à elles que

nous devons rapporter les produc-
tions les plus sublimes de l'esprit
humain, les établissemens de bien-
faisance, les vertus, les talens et les
plus nobles actions qui distinguent
et immortalisent nos semblables.

De là, cette nécessité absolue
pour tous, de recevoir une éducation solide, proportionnée et convenable à l'état auquel ils se desti-
nent, afin de l'exercer d'une manière plus éclairée, plus élevée,
plus utile à autrui et à eux-mêmes,
et y trouvent une source honorable
d'existence qui assure leur indépendance : précieux héritage qui
ne peut leur être ravi. Pour mieux
y parvenir, le meilleur système
d'éducation théorique et pratique,
et la méthode la plus parfaite, sont
ceux qui offrent une heureuse com-

binaison des principes religieux et civils, qui se prêtent un mutuel appui, dont l'enseignement exige de la part des instituteurs, des élèves et de leurs parens, le moins de peines, de temps, de sacrifices, et les rendent plus habiles, plus sages, plus dévoués à Dieu, au Roi, à la patrie et à la société.

Les ouvrages qui traitent de ces matières importantes, sont toujours au nombre de ceux qui inspirent le plus grand intérêt, parce qu'ils s'adressent à toutes les classes de citoyens et font l'objet de leurs constantes sollicitudes.

Celui qui nous a été confié, que nous publions, et qui nous paraît digne de fixer l'attention des hommes d'Etat, des habiles professeurs et administrateurs des corps enseignans, est le fruit des méditations d'un homme recommandable, qui depuis bien des années est à portée de juger sainement les résultats des systèmes d'instruction publique, dans les Universités, ancienne, intermédiaire et actuelle, ce qui donne plus de poids à ses considérations : nous avons cru bien mériter du chef de l'Université royale et du gouvernement lui-même, en leur communiquant ses vues importantes sur la religion et la constitution de l'éducation qu'on a jusqu'ici traitées séparément, mais dont l'auteur a parfaitement saisi l'ensemble, en montrant leur rapport sous le jour le plus lumineux.

Il ne s'en tient pas comme Rollin, à ce qu'ont dit les anciens, ni comme les modernes, à des généralités un peu vagues ; il met le doigt sur le mal et indique le remède.

Ses conseils à ce sujet sont appropriés et conviennent à la France présente. Dans les idées particulières où il entre avec une franchise bien rare aujourd'hui , il se montre constamment l'ami, le défenseur, mais non le flatteur du bon parti, auquel il appartient et auquel il dit toute la vérité, s'exposant peut-être à déplaire pour mieux servir.

Toutefois, il honore les hommes en les censurant, il respecte les institutions en faisant sentir les réformes dont elles sont susceptibles ; ce qu'il propose et qui ressemble à un changement universel, n'est qu'une légère modification de ce qui existe maintenant. La hardiesse jointe à la mesure ; la fécondité unie à la simplicité ; la droiture, de louables intentions et le désir ardent d'être utile ; voilà ce qu'il offre aux dépositaires de l'autorité de l'auguste auteur de la Charte, cette arche d'alliance qu'il a octroyée au peuple français.

Jusqu'ici l'instruction publique n'avait pas été approfondie autant que les élections, la liberté de la presse, le jury ; et son organisation radicale n'a pas encore reçu des améliorations bien sensibles. Mais puisque le ministère actuel est si digne de perfectionner nos institutions, de consolider les diverses parties de notre édifice social, pourquoi ne commencerait-il point par en assurer les fondemens ?

INTRODUCTION.

—

Y A-T-IL assez de religion dans l'Université royale? Nous osons dire que non, même après la nomination de Mgr l'évêque d'Hermopolis , à la place de Grand-Maître. Certainement un pareil choix imprime à l'instruction publique un caractère éminemment religieux. Le zèle et les lumières d'un prélat si respectable , ne permettent pas de douter qu'il n'améliore sensiblement l'institution , sous le rapport des vertus chrétiennes, dont il offre un si noble exemple dans sa personne. En un mot, tout le bien que le chef d'une grande institution peut faire , dans l'état actuel de l'institution , M. l'abbé Fraissinous le fera.

Il reste toujours à juger l'institution en elle-même, à examiner si elle est bien capable de seconder les vues et l'action du chef suprême. Or, à mes risques et périls, j'affirme que le clergé n'y occupe pas une place assez fixe , que son influence n'a pas l'étendue, la consistance, la perpétuité nécessaires, une force intrinsèque, indépendante en quelque sorte du grand-maître; car la mutabilité du chef ne doit affecter l'Université que le moins possible.

Ma conviction se fonde sur le besoin que nous avons d'une religion sérieuse, efficace, nationale; sur l'impossibilité de la rendre telle, autrement que par une organisation spéciale de nos colléges royaux. L'éducation religieuse que recevra la jeunesse la plus distinguée du royaume, les sentimens de foi qu'elle portera des colléges royaux dans le monde : les croyances et les habitudes pieuses qu'elle transmettra aux générations suivantes : tous ces fruits si beaux et si précieux et *qui ne se flétrissent point par le temps;* tout ce consolant avenir de la France chrétienne, dépendant de l'action particulière du clergé dans les premiers gymnases, son pouvoir apparent et réel, doit se proportionner à l'importance de ses fonctions universitaires. S'il n'est point en évidence comme la personne des prêtres dans la chaire; si, de même que leurs prédications divines *pénètrent jusqu'aux jointures de l'âme,* leur pouvoir n'atteint pas à ce qu'il y a de plus intime dans l'institution ; s'il n'est, à vrai dire, une prédication perpétuelle ; s'il n'a point et la force et le relief qui entraînent irrésistiblement les esprits, c'est comme s'il n'existait pas. Les institutions, en France, doivent frapper fort sur la nation, pour la dominer, pour la fixer.

Mais jusqu'où doit aller l'intervention du clergé dans le fonds et dans la forme de notre instruction publique? Question distincte de celle où il s'agissait de constituer l'autorité royale : question plus délicate encore, où il s'agit de constituer le sacerdoce par rapport aux colléges royaux. Je ne suis point prêtre : je la traiterai comme si j'étais *sine amore et odio* pour les personnes ; mais non pour les choses, qui sont ici les principes de la religion : je ne saurais affecter l'impartialité jusque-là : je me trouve lié par mes précédens.

Je poserai donc les bornes de l'éducation religieuse bien au-delà de l'ordre actuellement établi ; mais je les poserai, ne fût-ce que pour la définir sévèrement ; pour la séparer de ce qui n'est pas elle, et qui va souvent contre elle : je les poserai, afin de la tirer de ce vague qui ressemble à un provisoire et l'affaiblit doublement ; je les poserai afin d'épargner aux membres du clergé les reproches, la crainte , peut-être aussi le tort (car ils sont hommes) , de sortir quelquefois des voies légales : inconvéniens auxquels ils seraient exposés, si on ne marquait distinctement ces voies légales; si , après avoir élargi la carrière universitaire aux ecclésiastiques , on ne la traçait d'une main ferme au milieu de notre constitution monarchique , de manière à rendre impossibles soit les accusations de la mauvaise foi, soit les aberrations du zèle.

D'un côté, le bien de la religion veut une éducation plus religieuse que celle qui existe en vertu des décrets et des ordonnances : de l'autre le bien de l'Etat (où se trouve aussi celui de la religion , sous des monarques qui sont les fils aînés de l'Eglise) veut qu'elle ne soit ni ne puisse devenir trop religieuse, puisqu'alors elle ne serait pas assez monarchique dans le sens constitutionnel. Tel est le double but qu'il faut atteindre ; ou telles sont les deux barrières qu'il faut élever , à l'aide d'une maxime que nous croyons très gallicane, savoir : que le législateur en France doit disposer les institutions royales de manière que le clergé y rende *à Dieu ce qui est à Dieu*, avec une souveraine liberté ; et *à César ce qui est à César*, avec une entière dépendance.

DE LA RELIGION

DANS L'INSTRUCTION PUBLIQUE.

————

Ceux qui ont de la mémoire, se souviennent encore de la véhémence un peu démesurée, avec laquelle M. Murard de Saint-Romain attaquait la religion des colléges royaux en 1816 ; ils n'ont pas oublié les réponses assez faibles que lui opposait l'Université royale. « Sous le rapport re-« ligieux, les colléges royaux offrent au « moins autant de garanties que les pen-« sions particulières. » Ce n'était là qu'un éloge relatif. Si ailleurs on parlait d'une manière plus absolue, on ajoutait : « Au-« tant que les règlemens y peuvent quel-« que chose ; » ce qui était louer les rè-

I

glemens bien plus que ces colléges de 1816. Bref, il y avait là quelque chose qu'on n'expliquait pas bien. Tâchons de deviner la pensée de l'auteur dont nous citons les paroles.

Je crois, pour moi, que si on avait voulu parler clairement, on eût avoué deux choses, savoir : que l'éducation religieuse des colléges royaux était bien inférieure à l'éducation littéraire et scientifique, et que la faiblesse de l'exemple en était cause. C'était là, si je ne me trompe, le mot de l'énigme mise en avant par l'auteur des *Observations sur les développemens*, etc. Il n'a pas dit que l'exemple se trouvât dans les colléges royaux ; il n'a pas même parlé de l'exemple, non plus que la plupart des autres panégyristes de l'Université. Ils ont déclaré que l'institution était un chef-d'œuvre ; ils ont combattu pour elle, comme *pro aris et focis ;* ils y ont vu l'une de ces *inspirations dignes de saint Louis*, qui échappaient souvent à

Buonaparte, s'il faut les en croire ; mais ils se sont tus religieusement sur l'exemple en matière de religion universitaire ; preuve certaine qu'il n'existait pas alors dans les colléges royaux, du moins avec la perfection désirable : c'est l'idée qu'il ne faut jamais perdre de vue.

D'après l'organisation actuelle, il ne pouvait pas y être. De là cette faiblesse religieuse de ces établissemens tant reprochée à l'Université par les députés, qui y voulaient force et vertu, qui cherchaient à la tirer de la lie du siècle présent, à la rapprocher des anciennes congrégations.

En effet, malgré les *règlemens* et les ordonnances intervenus depuis la restauration, l'Université est demeurée purement civile, bien qu'elle renferme un grand nombre d'ecclésiastiques. Mais tant que ceux-ci seront mêlés avec les laïques dans le pensionnat, cette institution particulière, même avec des fonctionnaires capables d'édifier la jeunesse , manquera , généralement parlant, non pas de l'exemple , mais de l'exemple donné avec des convenances sacrées qui en changent pour ainsi dire l'espèce. Dès-lors, si la religion est faible dans le pensionnat, elle le sera dans les colléges royaux, dont le pensionnat fait partie ; elle le sera par suite dans l'Université , qui enferme dans son sein tous les colléges royaux : résultat inévitable, affligeant, embarrassant, digne des plus sérieuses méditations du législateur.

Qu'on m'entende bien , je parle de l'exemple dans les sacremens de la pénitence et de l'eucharistie, qui sont l'âme de la piété chez les catholiques : je parle de l'exemple qui, d'un côté, n'admettrait aucune exception notable, de l'autre, aucune apparence d'affectation; résultat imposant et auguste, singulièrement difficile à obtenir avec une réunion de fonctionnaires irréprochables du côté de la piété, chez qui toutefois les devoirs diffèrent comme l'habit, l'état et le langage. Les dissonnances, ou simplement les différences religieuses, quoique naturelles et légitimes de la part des ecclésiastiques et des laïques vivant ensemble, sous les yeux des élèves, sont une imperfection notable : mais elles valent mieux encore que l'uniformité religieuse qui probablement paraîtrait forcée, si elle s'établissait parmi eux. Dans le premier cas, il semble qu'il n'y ait pas assez d'édification ; dans le second, on serait tenté de croire qu'il y en a trop, parce que l'extraordinaire, ou ce qu'on peut prendre pour tel, fournit matière aux sinistres interprétations d'une jeunesse malicieuse. A qui la faute ? Au cœur humain ou à l'institution ? A tous les deux.

Je le répète, pour édifier les enfans, il faut que la diversité des habitudes religieuses dans les maîtres n'ait rien de saillant, ni l'uniformité rien de suspect. Voulez-vous inspirer beaucoup de religion aux élèves des colléges royaux? Montrez-leur des personnes qui non seulement en aient beaucoup, mais qui soient censées en avoir beaucoup; dont la qualité et la position forment d'abord un préjugé en faveur de leurs sentimens louables par eux-mêmes; en qui les apparences ne fassent ensuite que confirmer, mais confirment toujours la bonne opinion que l'on avait déjà de la réalité des choses; c'est cet accord de ce que l'on voit, avec ce que l'on aime à croire, qui, opérant une croyance entière autour des fonctionnaires du pensionnat, leur suscitera autant d'imitateurs qu'ils auront de témoins de leur conduite chrétienne.

Ajoutons, au sujet de cet exemple dont je viens de marquer la nature et les effets, que rien ne peut le suppléer, ni les livres de dévotion, ni les conférences théologiques, ni les beaux sermons, ni la pompe des cérémonies, ni la fréquence des confessions imposées à la jeunesse. En multipliant à l'égard des élèves les instructions et les pratiques de la vie chrétienne, on leur répète souvent, on leur dit avec beaucoup d'énergie et en plusieurs dialectes : « Ayez de la religion ; » mais on ne leur en communique pas autant qu'il faudrait : sur des esprits difficiles, sur des cœurs mal préparés, les offices, les prônes, les entretiens pieux, les lectures saintes fructifient peu : sans la rosée qui fertilise le champ du seigneur, c'est en vain *qu'on y jeterait la semence à pleines mains.*

J'ai toujours regretté que M. T......r, de qui j'emprunte cette belle métaphore, ait semblé méconnaître la nécessité de l'exemple, puisqu'il n'en parla point lorsqu'il entreprit de justifier de l'état religieux de son pensionnat (1). Il omettait là la

---

(1) *Renseignemens offerts à la Chambre des députés,* etc. A Paris, chez Delaunay, libraire, au Palais-Royal; 1816.

preuve essentielle ; l'insurrection d'ailleurs s'y étant mêlée, comme on sait, avec la dévotion, nous sommes doublement fondés à croire qu'elle n'était pas bien forte, et qu'on avait poussé l'éloge un peu au-delà du vrai : quand je dis, elle, je parle de la dévotion ; car pour l'insurrection, il n'y manquait rien ; et quand celle-ci aurait un peu refroidi l'enthousiasme du ci-devant proviseur, par rapport à cette jeunesse de 1816, qu'il nous représentait comme si édifiante, sans nous dire qu'elle fût édifiée ; quand elle lui aurait démontré l'impuissance de toutes les pratiques où il se fondait ; quand elle aurait déplacé ses admirations, en le délogeant de chez lui, il n'y aurait rien d'étonnant ; on change quelquefois d'opinion pour moins, soit sur les faits, soit sur les principes.

Puisque sans l'exemple, et sans l'exemple donné convenablement, les instructions et les pratiques religieuses ne produisent

que fort peu de fruit, les actes de l'autorité qui les conseille, qui les ordonne, de-
meurent frappés de la même stérilité. A
quoi servait donc à l'auteur de l'*Essai sur
l'instruction publique* d'entasser en trois
volumes les pièces destinées à réchauffer
la piété des colléges royaux? On lui de-
mandait des élèves religieux, et il mon-
trait les recteurs d'académie, il citait leurs
circulaires. Là où l'on conteste la bonté
de l'institution, le zèle des chefs peut-il
être réputé pour le fait?

Nos assertions sur l'état religieux de
l'Université en 1816, conviennent, pro-
portion gardée, à l'état de 1822. Le mélange des ecclésiastiques et des laïques dans
le pensionnat, n'édifie convenablement ni
les élèves de quinze, seize, dix-sept, dix-
huit et dix-neuf ans, ni les enfans moins
âgés, qui se modèlent sur eux : et les ordonnances qui excluent du nombre des
boursiers les enfans au-dessus de dix ans
et de douze, ne sauraient atteindre leur

but. L'inspection attribuée par les mêmes ordonnances à messieurs les évêques avait de même plus d'éclat que d'efficacité ; et le ministère l'a bien senti, puisqu'il a confié à un évêque l'administration pleine et entière de l'instruction publique. Mais cette nomination même d'un prélat qui a joint si heureusement le savoir et la prudence de l'abbé Fleury, au talent et au courage qui constituent l'orateur ; d'un prélat qui, en présence de toutes les passions impies et jalouses, s'est fait pardonner son zèle par sa bonne foi, ses succès par sa modestie, sa réputation par ses services ; je le demande néanmoins, cette autorité d'un pontife plus fort de son mérite que de son pouvoir, et de ses vertus que de son mérite ; cette influence, cette présence qui donne à l'Université royale une attitude si imposante ; cette nomination, dis-je, nous mènera-t-elle à ce beau idéal de la religion universitaire, l'objet de nos recherches comme de nos vœux ? Non, encore une fois. Sans une loi ou une ordonnance qui réforme la constitution actuelle des établissemens supérieurs, les efforts de Son Excellence le grand-maître et du conseil royal porteront à faux ; les meilleurs remèdes ne seront que des palliatifs quelquefois violens qui ôteront les symptômes extérieurs, mais laisseront subsister le germe d'une langueur fâcheuse dans l'ordre de la piété : on aura fatigué le malade sans le guérir.

Quelle sera donc l'organisation spéciale qui réparera l'insuffisance de la religion universitaire dans les colléges royaux ? Est-il besoin de le dire, et n'a-t-on pas dû pressentir depuis long-temps ma pensée ? Ce sera, si je ne me trompe, un pensionnat purement religieux, un pensionnat tenu exclusivement par des prêtres ou des religieux, suivant l'idée première de Buonaparte, qui avait astreint *au célibat et à la vie commune*, les divers fonctionnaires du pensionnat ; comme si, dès l'origine, ils eussent dû être tous de véritables clercs ou des cénobites. Dans l'esprit de cet homme prodigieux, les institutions faibles n'étaient que des créations avortées, des instrumens indignes de sa vigoureuse politique : il avait donc cherché dans un pensionnat tout religieux des résultats décisifs, des croyances entraînantes, utiles à sa domination. Pourtant il n'outra jamais la religion, quoiqu'il l'employât exclusivement dans son intérêt ; il se tenait sans cesse en garde contre le clergé. On sait aussi que ce puissant génie cédant bientôt à la peur qu'il se fit à lui-même des prêtres catholiques, il leur retira la haute influence qu'il leur réservait dans l'instruction publique.

Reprenons celles de ses idées qui n'avaient rien de violent ou de gigantesque, mais pour une fin plus noble. Voulons-nous que le pensionnat édifie les jeunes gens et les remplisse de ferveur? Mettons-les continuellement en présence des ministres des autels, des jeunes lévites, des hommes consacrés à Dieu, n'importe à quel titre, éprouvés dans les voies de Dieu, choisis entre les parfaits, avec autant ou plus de scrupule que les pasteurs de l'Eglise ; chez qui par conséquent les actes de religion les plus solennels ne présentent jamais des contrastes fâcheux ou une suspecte uniformité. Arrangeons les choses, ou plutôt les personnes, de manière à écarter des yeux et de l'esprit de la jeunesse tout ce qui peut de loin ou de près, à tort ou à raison, l'induire à imaginer que ce qu'elle voit est ce qu'elle ne devrait pas voir. Alors l'institution des pensionnats royaux fera nécessairement croire à la religion des hommes, parce qu'elle fera parler des actions convaincantes aussi bien que d'éloquentes exhortations, parce qu'elle montrera, pour ainsi dire, la piété agissant uniformément, naturellement. L'exemple, tel que nous l'expliquons, aidera les esprits faibles et soupçonneux ;

il animera les naturels indolens ; il sou-
tiendra la religion elle - même , dont les
dogmes, la morale, les cérémonies, aupa-
ravant presque sans force et sans vertu ,
produiront désormais une impression divine sur une jeunesse confiante dans les
autres , confiante en elle-même. J'aime à
me représenter un de ces jeunes Français
plein des paroles et de la vie des hommes
de Dieu, au milieu desquels il a le bonheur de passer ses premières années. Quel
changement! A peine entré dans ce saint
asile, je le vois s'élever au rang des héros
chrétiens, tel qu'autrefois les enfans des
preux, au milieu du bataillon sacré de
Malte ou de Rhodes, prenaient non seulement le casque et l'épée des braves, mais
aussi le courage et la foi des défenseurs
de la chrétienté. Là , les cérémonies saintes
lui sont des armes de salut pour protéger
l'homme corporel contre la dissipation
des sens ; là, par sa prière, il mérite le
renouvellement de l'homme spirituel ; et

rempli *de la vertu d'en haut*, il livre, à côté
de ses maîtres, les combats de la foi,
pour triompher des ennemis cruels, *des
lions dévorans* que l'Ecriture lui montre
rugissans autour de l'innocence.

C'est ainsi que la régularité de nos établissemens principaux, c'est-à-dire une
distribution plus régulière des instituteurs,
y augmentera la sainteté jusqu'à étonner
la perversité du siècle. Oui, certes, placée
entre la vieille et la nouvelle société, la
corporation enseignante, semblable à une
mère pieuse, dont la piété édifie toujours,
animera, aguerrira cette famille adoptive
contre les scandales publics et particuliers; oui, *par une conduite qui achève ses
discours* (1), lorsqu'il sera impossible, je
ne dis pas d'y trouver, je dis seulement d'y
accuser ni négligence ni affectation, elle
allumera dans les enfans l'ardeur d'un saint
zèle; elle les sauvera, s'il est besoin, de

---

(1) Expression de M. R*****.

l'indifférence ou de l'irréligion des pères;
on l'aura du moins constituée pour cela.

Mais si l'instruction publique dans les
colléges royaux doit être religieuse et fortement religieuse, elle doit être encore
civile et fortement civile. Rien de plus
respectable assurément et rien de plus in-
suffisant qu'un cours de grammaire, d'hu-
manités et de rhétorique, où l'on donne-
rait peu d'attention aux sujets profanes,
dans l'intention de sacrifier les belles-lettres aux bonnes lettres; qu'une science
timide, qui fuirait les investigations har-
dies comme des curiosités indiscrètes et
presque sceptiques; qu'une philosophie
scrupuleuse qui, au tableau des devoirs,
jeterait dans l'ombre la société actuelle,
de peur de dévoiler les désordres dont
elle est souillée; qu'une dévotion soli-
taire, étrangère aux idées, aux sentimens
de ce monde corrompu, inutile à sa sanc-
tification. Autant les fonctions civiles diffèrent des fonctions sacerdotales et no

nastiques , autant doivent différer les instructions qui y préparent les enfans à
partir de dix à douze ans , qui est l'âge de
mouler sans effort les facultés humaines.
Si pour les clercs et les laïques il existe
un fond commun de connaissances et de
maximes élémentaires, elles doivent être
diversement appliquées , approfondies,
modifiées. Je n'aime point que leurs vertus cardinales et théologales soient les
mêmes , ni leurs péchés capitaux non
plus; je veux deux traités de morale, deux
catéchismes appropriés aux besoins des
enfans. Je désire que d'une source unique
il sorte deux fleuves qui aillent conservant
toujours la pureté primitive de leurs eaux,
mais les distribuant suivant la pente et
les autres accidens des terres qu'ils arro-
sent.

L'éducation littéraire et scientifique , si
parfaite qu'on la suppose , n'est pas encore
l'éducation civile.... Exceller dans la connaissance des langues, sentir les charmes

2

de la poésie la plus riante comme la plus austère, entendre et déjà mettre en œuvre les secrets, les séductions de l'éloquence, atteindre les hauteurs de la métaphysique, sonder les profondeurs des sciences exactes et naturelles, ne dispense pas les jeunes gens d'étudier la société. C'est là aussi un livre intéressant ouvert devant eux, où il leur importe d'apprendre à lire de bonne heure, sous la conduite des instituteurs, pour y lire ensuite d'eux-mêmes toute la vie : d'y considérer leurs relations futures comme hommes, comme Français ; comme philosophes, comme chrétiens ; comme laïques, comme clercs ; comme fils, comme pères ; comme particuliers, comme magistrats ; comme sujets, comme citoyens ; comme plébéiens, comme patriciens, etc., etc.

« Connais-toi toi-même » est le premier fondement de la vie sociale, puisque de là dépend la science des devoirs. « Connais la « scène du monde, où par une éducation

« distinguée, tu t'apprêtes à faire un per-
« sonnage, » en est le second fondement,
puisqu'à cela tient la sagesse pour les sentimens et pour la conduite. Or, quel heureux épisode de l'enseignement ordinaire,
que les dangers de la puissance, des richesses ; des passions surtout qui nous
livrent au jeu, au duel, aux créanciers,
aux femmes, aux tribunaux! Quel con-
traste que les écueils du monde à côté de
ses grandeurs ; ses servitudes sur le théâ-
tre de toutes les licences ; ses désespoirs
au milieu de ses joies trompeuses! Quel
sujet de réflexion que les injustices de la
faveur envers le vrai mérite ; les violences
des factions vis-à-vis des grands hommes
et des plus innocens ; et, par opposition,
les cruautés de la loi à l'égard de ce que les
jeunes gens appellent des erreurs, et
qu'elle flétrit par la mort et l'ignominie,
parce que ce sont des crimes! Je ne sache
rien de si brillant et de si instructif à la
fois que cette appréciation de la vie hu-

maine, dans la bouche d'un professeur qui a du sens et de l'expérience : ajoutons hélas ! quelque considération. Il n'est pas jusqu'au savoir - vivre , dont les leçons n'offrent le même intérêt pour l'élève, la même importance pour l'homme soigneux de remplir les bienséances ; jaloux de réussir au milieu d'une nation, aujourd'hui la reine de la civilisation, comme l'a dit si noblement M. l'abbé Fraissinous ; où la civilité **passe** avant tous les mérites ; où elle est le mérite suprême ; en un sens, la première de toutes les vertus.

Nous avons montré ailleurs que la distinction des deux ordres de citoyens dans l'État, devait entrer en première ligne dans l'instruction indirecte, dont elle forme sans contredit le point le plus délicat : ce qui a détruit d'avance toute objection contre les autres articles de notre thèse. Quelque gravité que l'on imagine dans les rapports du sujet au citoyen, du particulier au magistrat, etc. La convenance de cet enseignement résulte du chapitre où l'on a raisonné pour le rapport du plébéien au patricien. Nous pourrions nous en tenir là, en vertu du proverbe : *Qui prouve le plus, prouve le moins.* Sans revenir ni sur ces relations multipliées qui manifestent l'économie et les obligations de l'ordre social ; ni sur la condition de l'homme au milieu de cet ordre qui n'est jamais sans quelque désordre : peinture si propre à prémunir la jeunesse contre les enchantemens et les amertumes du monde ; ni sur ces manières plus puissantes chez nous que les mœurs même, pour l'élévation ou la ruine des individus : nous pourrions regarder comme un principe démontré que ces trois objets constituent une portion nécessaire, quoique indirecte, de l'instruction des colléges royaux.

Mais ici l'enseignement primaire instruit l'enseignement supérieur ; sachons l'écouter. Le fondateur *des écoles chrétiennes* en

France (1), les fondateurs des écoles du peuple en Hollande, ces législateurs de l'enfance si éclairés et si religieux, n'ont pas borné l'instruction du premier âge à l'écriture, à la lecture, à l'art de calculer, au talent de rédiger les devis, les mémoires, les quittances et les autres actes les plus usuels, ni même à la connaissance et à la pratique de la religion. Ils ont fait de la première instruction l'explication, et, si je l'ose dire, la théorie de la vie civile pour ces enfans qui en sont encore si loin. Eh ! nos élèves des colléges royaux y touchent déjà, puisque les voilà en rhétorique et en philosophie. Il y a donc pour eux urgence d'apprendre, pour leurs maîtres urgence de leur dire ce qu'ils seront dans le monde, ce que c'est que le monde, ce que c'est que savoir vivre dans le monde; pour les uns et pour les autres la onzième heure est sonnée. Plus l'enseignement perd

____

(1) M. de la Salle, prêtre, docteur en théologie.

la forme et la couleur des élémens collé-
giaux, plus il doit se teindre des notions
extra-collégiales. A mesure que l'écolier
devient homme, son instruction doit gran-
dir en tous sens, montrer quelque chose
de viril, autrement

Dans une longue enfance ils le feraient vieillir.

Le livre si fameux *de la Conduite à l'usage
des frères de la doctrine chrétienne*, veut
qu'on apprenne aux enfans du simple peu-
peuple, *les maximes propres à les guider
dans le monde;* les livres élémentaires des
Hollandais, de même ; ceux dont notre
commission royale de l'instruction publique avait proposé le plan, d'après ceux
des Hollandais, de même. Tous sont des-
tinés à prévenir les préjugés, à réprimer
les convoitises des jeunes artisans, à civi-
liser cette nombreuse population par une
explication sommaire du Code civil, du
Code criminel, etc., à assurer son avenir

par des notions assez développées concer-
nant la sociabilité (1).

Seront-elles déplacées les mêmes pré-
cautions à l'égard des élèves des colléges
royaux qui, nés dans les conditions supé-
rieures, remplaceront bientôt nos administrateurs, nos officiers, nos magistrats? et
si leurs instituteurs, non contens de les
instruire en pères, en amis, en citoyens,
s'oublient quelquefois au milieu de leurs
nobles entretiens, jusqu'à prendre le rôle
de l'administrateur, de l'officier, du magistrat; s'ils élèvent le ton et la voix, en
leur parlant de ces hautes fonctions; s'ils
leur en expliquent avec feu la nature, les
périls, les bienséances; si, avec le sens et
la verve de La Bruyère ou de Montaigne,
ils éclairent leur esprit sur leurs devoirs,
ils trempent leur âme pour la prospérité
et l'adversité futures; ils règlent leurs ma-

---

(1) Voir l'*Essai sur l'instruction publique*, etc.,
par M. A. R***, pages 76, 77, 84, 85, etc., 506, 518,
519 et 484. Paris, Egron, rue des Noyers, 1819.

nières et leurs égards envers leurs inférieurs et leurs supérieurs ; ces jeunes gens
n'auront-ils pas des grâces à leur rendre
un jour, pour des avis touchans, qui leur
auront fourni des ressources précieuses,
qui leur auront sauvé des fautes graves,
irréparables ? N'est-ce pas une faute heureuse à un maître de leur avoir, par une
diversion au grec et au latin de quelques
momens, épargné les leçons tardives et
quelquefois si amères de l'expérience ?
Puisque l'intérêt des jeunes Français forme l'intérêt de la patrie, dont le Roi est
le père, n'est-il pas digne de notre sage
monarque, de permettre que les enseignemens des professeurs avancent un peu
moins l'instruction littéraire des générations nouvelles, pour leur tenir lieu d'une
sagesse anticipée ?

Que dis-je ? les lettres elles-mêmes (je
puis dire aussi la philosophie), ne s'ali-
mentent, ne vivent que de ces vérités sociales. Témoin les peintures admirables du

monde romain, où le génie de Tacite fut inspiré par ces scènes désastreuses au milieu desquelles il avait vécu, qu'il avait comptées, observées, digérées; dont il avait pénétré son imagination, son cœur et sa raison : témoin cet atticisme des Grecs, cette urbanité romaine, cette politesse française, qui ne brille et n'exerce nulle part un charme aussi puissant que dans les écrits des auteurs qui ont le mieux compris et observé toutes les bienséances sociales ; là surtout, *le style, c'est l'homme même :* témoin les préceptes d'Horace, qui exige d'un bon poëte ce que nous exigeons d'un bon citoyen, qu'il étudie « ce que « l'on doit à sa patrie, à son ami, à son « père, à son hôte ; quelles sont les fonc- « tions d'un sénateur, les devoirs d'un « juge, les occupations et les obligations « d'un général, etc. »

Qui didicit patriæ quid debeat et quid amicis,
Quo sit amore parens, etc.

(De Arte poet., v. 311.)

La conduite du style , qui est si peu de chose en comparaison de la conduite de l'homme, tient cependant à la science des mêmes rapports ; d'ailleurs le poëte de quinze ans a autant besoin de ces connaissances que celui de quarante. L'orateur sur les bancs doit penser , raisonner comme l'orateur à la tribune , puisqu'il parle pour lui ou d'après lui.

L'enseignement civil est donc littéraire et par-là même approprié à l'enseignement des classes ; il sert à deux fins ; mais pour en montrer les effets hors des écoles, suivant notre dessein et par rapport à la France entière , considérons que les premiers linéamens tracés par la main de l'instruction civile , semblables à ces caractères gravés légèrement sur l'écorce des arbrisseaux , prennent d'eux-mêmes avec l'âge et l'usage, plus d'étendue, plus de profondeur ; qu'au contraire ces observations, ces distinctions sociales, si on ne les imprime de bonne heure dans la

tête des enfans, n'y entrent ensuite que
difficilement, chez une nation vive, spi-
rituelle, mais un peu frivole. De là des
esprits de plus en plus superficiels ; et
comme les sentimens suivent la nature
des idées, de là deux défauts au lieu d'un,
qui vont fort loin pour une nation consi-
dérée comme telle.

Les Anglais, les Allemands, etc., quand
même l'instruction glisserait sur ces notions importantes, y reviendraient par un
esprit réfléchi , dont un caractère froid ,
une vie sérieuse favorisent encore les méditations. Tels sont les maîtres sous lesquels ces peuples penseurs referaient leur
éducation civile , si ceux du gymnase l'a-
vaient négligée. Je n'en citerai qu'un exemple entre mille, celui d'un simple horlo-
ger de Genève (1), qui lisait par délasse-
ment Grotius et Puffendorf, que nos hommes d'Etat lisent si rarement ; parmi nous,

---

(1) Le père de J. J. Rousseau.

Mme de Sévigné lisait les Provinciales, les Traités de Nicole, tous les ouvrages de Port-Royal. La nation alors ne manquait pas d'une certaine gravité ; elle comptait des femmes fortes, comme des docteurs robustes en science et en vertu : depuis la régence, depuis la révolution, les Français ont lu des romans, des recueils d'anecdotes et d'épigrammes, beaucoup de petits vers, ensuite des pamphlets, des journaux. Quand ils ont abordé les gros volumes de l'Encyclopédie et de la Politique moderne, c'était par ton, par vanité, par curiosité, par malice, par libertinage d'esprit : comment de pareilles lectures les auraient-elles fait penser et vivre en citoyens ?

Demandons à l'éducation publique les ressources que notre caractère, notre tour d'esprit, nos habitudes nous refusent. Voulons-nous que nos enfans réfléchissent dans l'âge mûr, et se gouvernent d'après leurs réflexions ? Apprenons-leur à réfléchir dès leurs premières années, ou bien renonçons à nous comparer aux étrangers pour la solidité de la raison et pour les qualités sociales qui en dérivent. Quand il sera question de discussions graves et solennelles, telles que la Constitution représentative les demande chaque jour, ainsi que de plans vastes et compliqués d'ordre public ; quand il s'agira d'une masse d'hommes réfléchis pour suivre les unes, pour exécuter les autres ; d'une suite de générations sérieusement appliquées à leur objet, qui se transmettent le dépôt de la législation et de l'administration amélioré ou fidèlement conservé ; dans ce parallèle de nation à nation, où l'on se soutient par la hauteur, le nombre et la perpétuité des talens ; où les peuples luttent aussi de patience et de persévérance pour le perfectionnement de l'économie civile et politique : disons naïvement qu'à l'égard de l'Europe (je ne parle ici que d'une manière relative), le bel esprit nous tiendra lieu du bon esprit, car je n'oserais dire du bon sens.

Comment l'instruction publique deviendra-t-elle capable d'attirer la jeunesse vers les idées sérieuses et positives, d'améliorer ainsi le génie national, et, par suite, le caractère national? car ces deux choses s'enferment l'une l'autre. Je crois pouvoir répondre à cette question, et indiquer en même temps le moyen d'apprendre à nos jeunes Français comment un homme bien né

Se pousse auprès des grands, s'intrigue et se ménage,

par une civilité noble et gracieuse, fille de celle qui distingua la cour de Louis XIV, qui provenait des sentimens et se manifestait par les manières.

L'enseignement littéraire (j'en dis autant de l'enseignement philosophique) pouvant rentrer dans l'enseignement civil, il faudra d'abord fortifier le premier, très-bon d'ailleurs en France, mais pourtant un peu jeune, un peu poëtique, où la prose un peu verbeuse produit souvent plus de feuilles que de fruits ; où l'art oratoire procède des mouvemens plus que des argumens, de l'élocution plus que de l'éloquence. Délivrons-nous de cette faiblesse, qui date d'assez loin, puisqu'elle vient de l'ancienne Université de Paris et de la Société des jésuites ; puisqu'elle a affecté toute notre littérature, où l'on trouve vingt belles descriptions pour une conception fortement pensée, vingt tableaux romanesques pour une peinture pleine de raison et de vérité, vingt livres amusans pour un ouvrage instructif.

Il ne suffit pas encore que l'instruction publique devienne plus rationnelle, plus féconde, même en idées sociales de toutes les sortes. Les thêmes, les versions, les explications, voire même les amplifications, pourraient abonder en idées semblables, et ne pas éclairer assez les esprits. Il serait possible qu'il y eût des rayons de

lumière, sans qu'on vît beaucoup de lumière, faute d'un instrument qui les réu-
nît à son foyer, pour former et renvoyer
où il convient le faisceau lumineux. Otez
l'art et le soin de l'instituteur, l'instruction
publique renfermerait beaucoup de notions civiles, sans pouvoir être civile.

On sent bien aussi qu'il faut une méthode de peu d'appareil qui forme l'enseignement plutôt qu'elle ne le réforme, qui
ne le dénature point, qui ne le surcharge
point. De même que d'ordinaire on en-
seigne la politique aux jeunes gens, comme
nous l'avons dit, sans faire de la politique,
il faut leur dévoiler encore les autres relations qui lient les hommes entre eux, les
périls qui les assiégent, les égards mutuels
qui les maintiennent ; il faut leur expliquer
tout cela sans monter en chaire de droit
public, de philosophie, de civilité puérile.
Il n'est pas impossible de remplir ces deux
conditions.

Le collége étant une petite société légale

et regulière, les élèves y ont entre eux et avec leurs maîtres des relations fixes: ils ont l'obligation et un intérêt pressant d'y vivre avec politesse; leur condition n'est pas exempte de dangers et de peines, bien qu'elle soit infiniment meilleure que celle de leurs parens dans la grande société; il sort de là des occasions journalières d'expliquer un monde par l'autre, de comparer les devoirs aux devoirs, les procédés aux procédés, les afflictions aux afflictions, *toujours plus vives et plus pénétrantes que les joies.* Pour le dire en passant, la dureté de l'homme à l'égard de l'homme et celle de la loi plus inflexible encore dans l'ordre social, si on en pénètre bien les enfans, leur feront paraître doux, ce joug de l'école si affreux à leurs yeux, parce qu'ils le comparent avec la molle indulgence de la maison paternelle, plutôt qu'avec les rigueurs du monde, qui met ses favoris même sous un joug de fer, paré d'ornemens assez brillans.

Ceci est de la discipline et des exhortations amicales qui y tiennent naturellement. Nous avons vu qu'on pouvait s'y élever à des avertissemens graves et solennels, à des instructions éloquentes sur les obligations, les dangers, les convenances des plus hautes fonctions sociales. Pour ce qui est de l'enseignement, on peut s'y permettre quelquefois la même vigueur, la même chaleur. En général, il suffit au professeur de réunir sur les trois parties de notre instruction civile, un certain nombre de morceaux convenables, entre lesquels il établira une belle suite; dont il changera la physionomie par la qualité du titre ; auxquels il imprimera plus de force et de clarté, par l'addition ou la suppression de quelques lignes; souvent par un mot dit en passant, et comme sans dessein. Voyez l'architecte qui ôte à un édifice public, son caractère et sa destination, en y mettant un vestibule pour un autre, une inscription pour une autre : voyez

le peintre dont quelques touches savantes
ont doublé l'effet d'un tableau; voyez cet
autre artiste qui, par deux ou trois plis à
la coëffure, va rendre une personne plus
belle qu'elle-même; faire beaucoup de
peu, c'est le chef-d'œuvre de l'art, le se-
cret des grands maîtres. C'était dans beaucoup de parties, celui de Rollin, qui avait
encore un autre talent, celui de join-
dre l'utile à l'agréable. Il faisait sortir
des fictions d'Homère les plus saintes vérités, comme il paraît par le traité qu'il
nous a laissé sur cet objet, à l'imitation de
Plutarque, qui en a composé un fort beau
sur la manière d'apprendre la philosophie
dans les poëtes. La même gloire attend le
professeur moderne, si par un mérite
semblable, il montre dans l'Odyssée et
l'Iliade, les relations sacrées de la société
naissante, dont la première est celle des
rois à leurs peuples, destinée à perpétuer
sur ces grandes familles, qu'on appelle
nations, les bienfaits de l'autorité patriar-

chale : si pour seconder le roi-législateur,
il ajoute de nouvelles cordes à la lyre, s'il
en tire, à l'exemple de Solon et de Tyrtée,
des sons mâles et patriotiques : s'il donne
à l'enseignement le plus enjoué une ten-
dance civile. Qu'on me permette une
comparaison prise dans la mythologie.
Puisque l'on a feint que Minerve présidait
aux études de la jeunesse, l'instituteur doit
se rapprocher de ce modèle idéal. Il excel-
lera dans sa profession, s'il imprime à
l'instruction publique l'austérité que la fa-
ble prête à la déesse des beaux-arts ; s'il lui
en conserve soigneusement la beauté et les
grâces.

Venons maintenant à la question essentielle, du moins par les difficultés que j'y
trouve, et que je ne veux pas éluder,
parce que je désire traiter mon sujet.
Est-ce le clergé qu'il faut charger de l'éducation civile? Je réponds qu'à s'en rapporter au judicieux abbé Fleury, l'enseignement profane, qui est la souche de l'en-

seignement civil, s'accorde mal avec l'état ecclésiastique ; c'était aussi l'opinion de saint Grégoire, qui reprit Didier pour avoir enseigné la grammaire. Telle est en effet la sainteté du sacerdoce, que ceux qui en sont revêtus doivent craindre de se compromettre dans l'opinion des peuples en se chargeant d'instructions trop mondaines. L'argument se fortifie encore vis-à-vis des jeunes gens, à qui les mêmes hommes révèleraient les mystères adorables du Sauveur, après leur avoir expliqué les amours des dieux et des héros, les peintures les plus terribles de la fureur, du désespoir : morceaux désordonnés, mais sublimes, qu'on ne peut arracher de la bonne littérature, et qu'un enfant ne doit point entendre de la bouche d'un prêtre, surtout traduits en beau langage, déclamés d'un ton passionné ; pas plus qu'il ne doit voir chez lui des tableaux où soient représentés le Jugement de Pâris, les déguisemens de Jupiter, à côté d'une

Sainte-Famille, d'une Descente de Croix.

Maxima debetur puero reverentia.

Mal traduire ces passages, les lire d'une manière ennuyeuse, c'est, comme on dit, gâter la besogne. De toute nécessité, la classe ou la religion, l'écolier ou le maître (s'il est ecclésiastique) doit perdre ici de son prix (1).

On demande s'il faut confier aux ecclésiastiques le soin de rendre l'éducation civile ; j'aimerais autant que l'on deman-

---

(1) Je me souviens qu'en rhétorique, à l'âge de quinze ans, j'étais singulièrement embarrassé pour expliquer ce passage de Virgile au vi^e livre de l'*Enéide* :

......*Veneris monumenta nefande*
Illic minotaurus inest suppostaque furto
Pasiphæ.....................

Mais l'ecclésiastique qui m'interrogeait ne l'était pas moins : le mot à mot l'effrayait. Combien de passages semblables, même dans le chaste Virgile, qui doivent alarmer la pudeur d'un prêtre beaucoup plus encore que celle d'un laïque! Cet embarras, qui n'est qu'un desagrément pour le second, est un malheur pour le premier.

dât s'il faut confier aux laïques le soin de rendre l'éducation religieuse. A quoi bon de pareilles disparates ? Ne vaut-il pas mieux donner aux hommes publics, les fonctions qui leur conviennent le mieux, qu'ils connaissent le mieux, que sans doute ils aiment le mieux ? N'est-ce pas là ce que disent l'usage et la raison ?

> . . . . *Quod medicorum est*
> *Promittunt tractant fabrilia fabri.*

Surtout ne les chargeons que d'un seul emploi, si seul il atteint la portée de l'homme : et tel est sans doute le sacerdoce appliqué à l'éducation publique avec cette latitude que nous réclamons hautement pour le clergé. Après de tels devoirs remplis selon son cœur, quels autres devoirs pourrait-il remplir encore ? Quand le temps ne lui manquerait pas, en aurait-il la force, en aurait-il le courage ?

Il est vrai qu'autrefois le clergé ne se bornait pas au soin de l'éducation religieuse : mais outre que le saint ministère dut souffrir de ce mélange de fonctions diverses dans la personne des prêtres, l'éducation civile (qui comprend aussi l'éducation politique) se trouva si faible entre leurs mains, si peu appropriée à la situation des esprits, si peu en mesure contre les projets des novateurs, qu'il ne semble pas prudent de renouveler une expérience que j'appellerai *fatale*. Dans les temps où nous vivons, sous les institutions qui nous régissent, cette éducation offre de plus grandes difficultés et n'entraîne pas de moindres conséquences qu'autrefois. Pourquoi tenter l'Eglise de France, en lui imposant une responsabilité si hasardeuse ? Si son zèle y suffisait moins qu'en 1780 ! Si sa faiblesse nous punissait d'avoir trop présumé de sa force !

Les ecclésiastiques ont souffert les premiers de la catastrophe qu'ils n'ont pas su empêcher comme instituteurs : ils ont cessé de former un ordre du royaume. La Charte les ayant comme détruits de nouveau, puisqu'elle ne les a pas réhabilités, ne serait ce pas aggraver leur sort, et une dureté peu convenable, que de les prendre pour apôtres de la loi fondamentale dans l'éducation civile, dans l'ordre civil? C'est assez, selon moi, qu'ils le soient dans l'ordre religieux. C'est assez que dans leurs instructions publiques, dans leurs exhortations secrètes, par ces arrêts prononcés au nom du Ciel même, ils maintiennent inviolablement l'Evangile politique, qui consacre leur abaissement temporel. Dans leurs fonctions naturelles et dans l'éducation religieuse, dont nous les faisons les dépositaires par l'établissement de l'instruction publique, laissons-leur le mérite d'une abnégation si chrétienne : n'en demandons pas davantage. Que nos lois, par beaucoup de confiance, honorent sans cesse le ministre du Seigneur : que nos lois, par trop d'exigence, n'aient jamais l'air de faire violence à l'homme.

Nous qui vivons, nous avons vu l'ancienne monarchie ; nous avons vu les deux premiers ordres de l'Etat, unis par la puissance et la prospérité, avant de l'être par le malheur. Si l'un des deux corps, en acceptant à la fois l'éducation religieuse et l'éducation civile, devenait possesseur de l'instruction publique toute entière ; si le clergé acquérait le pouvoir de l'incliner en faveur de l'ancienne noblesse, on croirait qu'il l'incline en effet, qu'il fausse ou anéantit à son profit l'instruction civile, et que, trop fidèle à ses souvenirs, il cherche sa première grandeur dans celle de son illustre allié. On le croirait, ou on ferait semblant de le croire. On alarmerait peut-être le peuple sur la résurrection probable des deux ordres. Je supprime les résultats possibles d'une pareille supposition ; on voit bien où elle nous mène.

Quand le temps aura fermé la carrière

des révolutions en Europe ; quand les passions politiques en France agiteront l'Etat
sans pouvoir l'ébranler, alors qu'on aug-
mente indéfiniment l'autorité universitaire
du clergé, malgré les réclamations de ses
ennemis ; qu'on centuple son influence, le
salut public ne s'y opposera point, quoique le bien de l'instruction publique demande autre chose certainement. Quand
le vœu public, interprète d'une confiance
universelle, aura remis aux ministres des
autels l'élection de nos députés, suivant
le projet un peu intempestif de M. le comte
de Vaublanc, et que M. de Villèle, au nom
d'une commission, fit rejeter par la majorité de 1815 ; alors, si on le veut, que l'on
confie aussi aux prêtres l'éducation civile ;
il n'y aura pas plus d'inconvénient à l'un
qu'à l'autre. Jusque là je conseillerai de
borner les ecclésiastiques à l'éducation religieuse de la jeunesse, ou, en d'autres ter-
mes, à l'éducation religieuse de la nation.
La tutelle, ainsi restreinte, laissera encore

long-temps assez de pouvoir au clergé, et de prétextes aux ennemis de l'ordre public.

Ce que nous disons du clergé, il faut le dire aussi des congrégations, ses auxiliaires naturels : car je veux m'expliquer sur les hommes de la religion, quels qu'ils soient, avec la même franchise que sur les choses de la religion. Comme lui, les congrégations violent les convenances, en se chargeant de l'enseignement profane ; comme lui, elles ont succombé jadis sous le double fardeau de l'éducation religieuse et de l'éducation civile ; avec lui, elles augmenteraient les terreurs politiques , dont nous avons parlé ; sans lui, elles ne les diminueraient pas. Elles rompraient avec le clergé, mais ne se réconcilieraient pas avec ses adversaires ; elles pourraient troubler d'un seul coup l'Église et l'État.

De là résulte la nécessité de ne pas confier aux ecclésiastiques et aux congrégations, l'instruction publique toute entière, mais de la partager entre eux et les laïques, de manière que *les premiers gèrent exclusi-vement le Pensionnat des colléges royaux, tandis que les seconds géreront exclusivement le Professorat.*

Nous voici arrivés enfin à la troisième application de notre principe général sur l'union et la séparation des choses et des personnes. De même que la politique et la philosophie traitées séparément, doivent cependant concourir dans la main du prince au soutien de la monarchie légitime ; de même que le ministère de l'instruction publique et le grand-rectorat, doivent former deux autorités distinctes, avec la condition néanmoins que la première gouverne la seconde ; de même l'éducation religieuse et l'éducation civile, doivent être confiées à deux corporations différentes, mais dans un seul collége et sous la direction d'un seul fonctionnaire, comme nous le dirons ailleurs.

Moyennant *cette séparation* d'état, de fonctions, d'autorité entre les membres de l'instruction publique, les colléges royaux remplissent admirablement le double but de leur institution. La jeunesse, placée auprès de deux sources fécondes, s'y abreuve des plus salutaires vérités ; sans cesse elle écoute deux sortes d'instituteurs. Les uns lui révèlent spécialement l'alliance de Dieu avec les hommes, les secrets de la vie future, les moyens d'arriver à la souveraine félicité ; et aux instructions évangéliques ils joignent des modèles perpétuels de piété, dignes de la primitive Eglise. Les autres, chargés de l'enseignement littéraire et scientifique, le relèvent sans cesse par les notions de la vie civile, par les lumières de la civilisation moderne, par les maximes de la France ancienne appropriées à sa nouvelle constitution ; et à la force de leurs leçons, ils joignent le poids d'une conduite également décente et monarchique. L'instruction publique élève ainsi les jeunes Français pour le ciel et pour la terre ; elle les destine et leur apprend à servir Dieu et le Roi avec le même dévouement ; elle les fait magistrats dans l'Eglise , pontifes dans l'Etat par la supériorité de leur raison, par la pureté de leur foi.

Que les laïques dominent les colléges royaux, l'éducation religieuse s'y affaiblit; que les ecclésiastiques les possèdent exclusivement, l'éducation civile n'a plus ni force ni couleur ; cela est dans la nature des choses, que la meilleure administration ne peut vaincre. Le système actuel qui participe de ces deux arrangemens, fortifie et affaiblit relativement les deux parties de l'instruction publique ; c'est-à-dire, qu'elle les éloigne également de la perfection, et les condamne à la médiocrité.

Laissez les ecclésiastiques et les laïques mêlés ensemble, ils agiront comme individus, et non comme membres de deux corporations travaillant ensemble. Leur fausse position neutralisera des efforts iso-

lés, intermittens, incohérens sous le rapport religieux et sous le rapport civil.
Comme si rompant un corps d'infanterie
et un corps de cavalerie, vous mêliez les
soldats des deux armes ; dès qu'ils ne s'ac-
corderaient plus pour les deux espèces
de mouvemens, vous n'auriez qu'une
masse faible, malgré le nombre des individus, parce qu'on l'aurait désorganisée
et comme disloquée ; inerte malgré leur
activité, inhabile malgré leur expérience.
Ce ne seraient plus ni la fermeté inébranlable des uns, ni l'impétuosité irrésistible
des autres, appliquée suivant les temps et
les lieux. Pour obtenir, à l'armée et ailleurs, une force, une action, une discipline victorieuse, les mêmes hommes ne
suffisent pas, ni les mêmes chefs ; il faut
les mêmes bataillons.

On dira que cette division des instituteurs publics en deux corps séparés, par-
tagera les opinions en France, et les réu-
nira tout ensemble, au détriment des col-

léges royaux ; que ceux-ci y trouveront la
religion trop faible encore, et ceux-là trop
puissante ; que tous, quoique pour des
raisons opposées, déserteront nos établissemens, ou n'y viendront point.

Mais, selon moi, quand les partis, ou
même quand les factions ne seraient pas
absolument contentes de nos colléges
royaux, elles s'en contenteraient, parce
qu'elles y trouveraient des garanties réci-
proques. Même pour les factions, entre
le meilleur et le pire ; entre ce qui promet
la domination absolue et ce qui menace
d'un asservissement total, il y a bien des
degrés. Je pense donc que les bons esprits, à quelque parti, à quelque faction
qu'ils appartinssent, s'empresseraient de
jouir d'une instruction publique, religieuse et civile, en attendant qu'ils pus-
sent l'apprécier, quand ils seraient plus
clairvoyans, c'est-à-dire plus rassis. De-
main, aujourd'hui ils l'adopteraient, s'ils
la jugeaient de sang-froid, puisqu'ils y dé-

couvriraient pour les deux systèmes un plus ferme appui que celui qu'ils imaginent séparément.

Les partisans les plus ardens du clergé doivent se réjouir de l'empire qu'on accorde à son zèle pour la gloire de Dieu et le salut des âmes ; de cette transformation des pensionnats royaux en petits séminaires, où le clergé prêche et règne seul. Si dans le professorat civil on lui présente un rival, on lui offre aussi, à le bien prendre, un compagnon fidèle de ses travaux apostoliques : ceci n'est point un paradoxe. Ces laïques nommés par le Roi, sous l'influence de l'autorité ecclésiastique, auront aussi de la religion, et sauront en parler quand il conviendra ; le professeur de philosophie devra même en parler. Mais allons plus loin. La religion unit le ciel et la terre par sa doctrine, dont les catholiques conçoivent mieux, expliquent mieux ce qui concerne les mystères divins, les protestans ce qui se rapporte à la société civile, dont peut-être aussi ils gardent mieux les convenances. La perfection consisterait dans la fusion des deux enseignemens, sans aucun mélange d'erreur. On y arrive directement, ce me semble, par le pensionnat religieux et le professorat civil pris dans l'Eglise romaine. Par-là on forme de vrais disciples de Jésus-Christ, également attachés au dogme et à la morale, dont là foi et les œuvres ne se démentent jamais. Je ne doute pas même que si quelqu'un de ces élèves, entraîné par une vocation bien décidée, embrassait l'état ecclésiastique, il n'eût pour rendre les hommes *croyans et fidèles*, plus de ressources que les prêtres qui n'auraient reçu qu'une éducation purement sacerdotale (1). Car enfin, si le

(1) Nous avons connu un curé qui, au milieu des campagnes, paraissait un ange, un apôtre, un législateur ; sa paroisse, composée d'hommes pauvres et grossiers, était devenue, sous son administration, l'asile de

ministère ecclésiastique sanctifie par des vues toutes célestes les maximes de l'enseignement civil, celui-ci à son tour fortifie la doctrine du salut par la connaissance qu'il donne des choses du monde. Ses explications deviennent autant d'applications à la vie chrétienne ; de véritables points d'appui, qui fixent les idées religieuses et déterminent les devoirs de la piété avec une entière précision. *Si le christianisme est plein de bon sens*, comme on l'a dit, former le jugement des élèves, c'est en faire d'excellens chrétiens : celui-là au sortir du collége, honorera le plus la religion qui sera non le plus dévot, mais

---

l'ordre, de la décence, de la piété ; entourée de paroisses révolutionnaires, elle fut pillée deux fois par elles, mais resta inébranlable dans ses croyances. Or, ce pasteur si habile qui, présent ou absent, était l'âme de ses ouailles, avait vécu dans le monde jusqu'à 36 ans ; ayant embrassé l'état ecclésiastique un peu tard, il connaissait parfaitement deux choses : sa religion et ses paroissiens. Il était éminemment l'homme de Dieu et du peuple.

le mieux dévot; *dont le zèle sera suivant la science*, comme dit l'apôtre. Or, cette science atteint justement les relations, les évènemens, les procédés de la vie sociale, ou les trois divisions de notre instruction des laïques.

Donc les enthousiastes du clergé, s'ils l'intronisaient lui seul dans les colléges royaux, affaibliraient l'éducation religieuse, qui restera imparfaite, si elle n'est que religieuse : ils nuiraient à la religion, dont ils couperaient les racines les plus profondes en supprimant les instructions sociales.

En faisant dépendre uniquement les notions et les qualités civiles de la religion, on expose celui qui perdra la religion à perdre les vertus humaines qui pouvaient le ramener à la religion : on tombe dans le défaut capital de l'ancienne éducation, et qu'un homme d'esprit, un prêtre, un ex-jésuite a parfaitement développé par rapport aux *mœurs*, qui font partie des

qualités civiles, telles que nous les considérons ici. Le lecteur n'aura pas de peine
à généraliser la proposition, autant qu'il
convient à mon sujet. « Quelque soin qu'on
« prenne d'inspirer des sentimens de reli-
« gion aux enfans, dit l'abbé Gedoyn, il
« vient un âge où la fougue des passions,
« le goût du plaisir, les transports d'une
« jeunesse bouillante, étouffent ces senti-
« mens. Alors un jeune homme, je parle
« surtout de ceux qui ont à vivre dans le
« grand monde, un jeune homme se croit
« tout permis ; il devient un composé de
« tous les vices, sans presque aucun mé-
« lange de vertu. Il n'a, pour tout mérite,
« au plus que de l'esprit, avec cette poli-
« tesse aimable que l'on prend à la cour, et
« qui, destituée de probité, n'est, pour la
« bien définir, qu'un beau masque. Si on
« lui avait bien dit que les *mœurs* sont de
« tout pays et de toute religion ; que l'on en-
« tend, par ce mot, les vertus morales que
« la nature a gravées dans le fond de nos

« cœurs, la justice, la vérité, la bonne foi,
« l'humanité, la décence ; que ces qualités
« sont aussi essentielles à l'homme que la
« raison même, dont elles sont une émana-
« tion ; ce jeune homme, en secouant le
« joug de la religion, ou en s'en faisant une
« à sa mode, conserverait au moins ces
« vertus morales *qui, dans la suite, pour-*
« *raient le rapprocher des vertus chrétiennes.*
« *Mais parce qu'on ne lui a prêché qu'une reli-*
« *gion austère, tout tombe avec cette religion.*»

Les adversaires des prêtres pourront
craindre une éducation qui livre au clergé
la vie entière de l'élève, et n'en réserve
que des momens aux instituteurs laïques,
devant lesquels il ne fait que passer. Mais
ces personnes doivent entendre que l'on
compense efficacement la brièveté de l'é-
ducation civile, par son intensité ; c'est-
à-dire par la nature de l'enseignement des
laïques, tel que nous l'avons expliqué, et
tel que le garantissent la qualité des professeurs, si on les astreint au mariage ;

leur dignité, s'ils appartiennent à une corporation indépendante ; enfin leur zèle : ils se feront un plaisir et un devoir de former des esprits judicieux et des caractères élevés : des citoyens éclairés et des fonctionnaires véritablement philosophes : des modèles d'urbanité, des hommes faits pour embellir la société française autant qu'ils l'honorent.

Je raisonne ici pour les colléges royaux ; car à parler en général, les pensionnats inférieurs, tous mixtes, ou purement laïques, prendront rarement un caractère trop ecclésiastique. Je consens de plus, qu'on ramène à l'éducation civile, qu'on soumette au régime commun, qu'on fasse passer sous le joug universitaire (1), la

(1) Cette mesure semble autorisée par les remontrances du clergé au roi Louis XIII, où on lit : « Votre Majesté « est très-humblement suppliée de rétablir vos Univer- « sités, spécialement celle de Paris...., y remettant les « pères jésuites, *qui se soumettront aux lois de vo- « tre dite Université.* » (Essai sur l'instruction publique, p. 266 et 267.)

maison de Saint-Acheul et les autres de
la même famille :

Et nati natorum et qui nascentur ab illis.

Je conçois les craintes du parti ou de
la faction que je réfute, et je veux les calmer par de larges concessions, qui me
coûtent d'autant moins, que je me les fais
à moi-même, puisque je n'admets pas la
puissance illimitée des prêtres et des religieux dans l'instruction publique de notre
monarchie constitutionnelle.

Mais leurs adversaires iraient beaucoup
trop loin, s'ils ne laissaient au clergé
qu'une position secondaire dans les colléges royaux. Ils attaqueraient l'éducation
nationale dans le point essentiel ; ils com-
promettraient le salut de la Charte, qui ne
saurait se soutenir avec une religion faible,
quelque fortes qu'on suppose les institutions et les doctrines politiques ; il est bon
de leur dire pourquoi.

A une nation mécontente de son sort,

changer ses lois, devenir libre, n'est pas toujours l'améliorer. Les institutions populaires arment le peuple pour son malheur; elles écrasent le géant, s'il n'a un tempérament sain et robuste.

Or, pour supporter notre liberté, avons-nous la santé et la vigueur nécessaires ? Pour ne pas succomber sous les obligations de notre émancipation nationale, ni abuser de la participation à la suprême puissance que nous octroya le prince légitime, avons-nous assez de mœurs, assez de modération, assez de gravité, assez de constance, assez de justice, assez de désintéressement ? Je veux que nous possédions ces qualités d'un peuple législateur; avons-nous, à un degré suffisant, ce qui les dirige vers le bien public, c'est-à-dire l'amour de ce bien public : ce qui fait que chacun défend l'État comme sa famille, comme sa personne; que les aggrégations légales et morales chérissent le prince et la patrie comme elles-mêmes; que la nation a des vertus comme les particuliers? Ou si tout cela nous manque un peu plus qu'aux étrangers, n'est-ce pas en partie parce qu'il nous manque un peu plus de religion qu'à eux? J'en excepterais peut-être les Italiens.

Encore, si les Français formaient une société unie! Mais non : les partis y conservent la violence des factions, ou sont disposés à la reprendre. Que de raisons, même aux yeux de ceux qui ne croiraient qu'au mal, d'y remédier, en appelant la loi divine au secours des lois humaines ! de cimenter ainsi *ces terres remuées et incapables de consistance*, comme dit Bossuet, et qui à la première secousse, *tombant de toutes parts, ouvriraient sous nos pas d'affreux précipices !* J'appelle ainsi les esprits et les cœurs désunis avec tant de persévérance, par tant de maximes outrées qu'ont répandues tant d'agitateurs de professions diverses. Revenons par prévoyance, si ce n'est pas conscience, au principe éternel de l'harmonie sociale que l'auteur du christianisme nous a manifesté : *Aimez Dieu et les hommes*, voilà le précepte de l'union générale, *voilà la loi et les prophètes*, pour la politique comme pour la religion. Il ne reste, pour le salut de l'Etat, qu'à donner aux sacrés dépositaires de ce commandement d'amour, le soin et les moyens d'en pénétrer, jusqu'à la moelle des os, la génération présente, à laquelle on inocule depuis si long-temps, et quelques-uns par esprit de spéculation, la haine et l'envie, au hasard, peut-être avec l'intention de semer des insurrections pour recueillir des révolutions.

A qui parlé-je ici ? Toujours à ceux qui, voulant la Charte dans un sens faux, la veulent au moins dans un sens. Je les avertis qu'avec une religion faible contre la corruption générale, faible contre les dissensions intestines, ils se verraient entraînés malgré eux successivement aux Constitutions; ou, pour parler plus juste, aux gouvernemens de 91, de 92, de 93, lesquels détruisaient la religion ancienne, au lieu de la maintenir ; et c'est la raison principale qui les fit sitôt disparaître ; permis aussi aux révolutionnaires de faire leur profit de cette observation.

Tel est aujourd'hui, en Europe, l'état violent des sociétés, qu'on risquerait d'y occasionner des commotions dangereuses, si, pour avoir affaibli l'influence sacerdotale, on rompait l'équilibre entre le système religieux et les autres élémens du monde politique. Réciproquement, on ne calmera notre France si long-temps agitée, on n'y préviendra des commotions nouvelles qu'en ramenant l'équilibre entre le système religieux et les autres systèmes, tel que celui des connaissances, celui des mœurs, celui des opinions, celui des conditions, etc., etc. Toutes les puissances sociales doivent se maintenir, pour maintenir le système général de la société. Que la religion cède ; qu'elle cesse de contrebalancer les forces opposées ; il y a invasion ou d'une science orgueilleuse, ou d'habitudes vicieuses, ou de maximes audacieuses, ou de prétentions odieuses, etc. Les meilleures choses, par excès de force, se tournent en licence, en usurpation ; la république dégénère peu à peu : bientôt le gouvernement est forcé de changer avec elle.

Nous parlons ici suivant la manière commune dont on conçoit les gouvernemens pondérés. Dans un sens plus profond et plus vrai, disons que l'équilibre social ne vaut rien ; que l'immobilité politique est un symptôme de mort ; que le mouvement des sociétés y constitue l'existence, la vie, la santé.

Mais à une grande monarchie qui ne peut marcher que par une infinité de rouages, ne faut-il pas un moteur efficace, pour seconder l'impulsion du monarque ? A ce corps constitutionnel, qui doit se mouvoir ou périr, mais dont les membres ont tant de peine à agir de concert, ne faut-il pas un sang doux et vivifiant, une force amie qui aide et qui tempère le jeu des organes? Ce principe vital, c'est le système religieux, lorsqu'il unit les autres systèmes, en s'y unissant, lorsqu'il les anime et les modère tout ensemble; car c'est alors que le corps politique dispos et bien réglé dans toutes ses parties, suit avec promptitude, mais avec retenue, la volonté du prince qui en est l'âme.

Dans le corps humain, la santé n'exige pas que telle humeur domine constamment, mais seulement tantôt l'une, tantôt l'autre : au contraire, telle est la complexion des sociétés humaines, qu'il y a désordre et maladie, si les passions diverses, après quelques fluctuations temporaires, ne cèdent pour toujours à une passion meilleure. Tous les États bien constitués furent animés par cette humeur dominante, qui gouvernant la multitude dans le sens des lois, diminuait la violence du gouvernement, et soulageait le prince du soin de trop gouverner. Le plus célèbre de nos publicistes a dit que pour la monarchie, elle consistait dans l'*honneur* : attribuant l'humeur d'une seule classe à un peuple entier, érigeant un fait particulier en maxime universelle, et méconnaissant le fait général des sociétés modernes, dont l'*amour de Dieu et des hommes* forme, pour ainsi dire, le tempérament. C'est là, en effet, le ressort invisible qui meut à leur insu, avec plus ou moins d'énergie, soit les sujets, soit les princes ; le principe qui domine les autres principes de nos gouvernemens, et dont la violation réfléchie soulève d'indignation tous les cœurs qui ne sont pas complices, sous quelque gouvernement qu'ils vivent : principe dû au christianisme, qui, suivant la belle réflexion du même auteur, a donné à l'Europe et presque au monde entier *le droit politique dans le gouvernement, le droit des gens dans la guerre.* Je conclus qu'affaiblir chez soi ce principe conservateur, c'est attaquer les libertés publiques, c'est corrompre la civilisation même. Or, nous savons par expérience, quels risques un peuple court aujourd'hui à traverser la tyrannie et la barbarie, telles que l'irréligion les a faites.

Je ne quitterai point cette longue discussion sur l'éducation religieuse, sans témoigner le regret que j'éprouve de n'avoir pu l'abréger. Mais les auteurs contemporains n'ayant point dit toute la vérité, ou l'ayant obscurcie par esprit de parti ou d'intérêt, il m'a fallu tantôt établir les principes, tantôt les éclaircir, et c'est bien souvent autant que de les découvrir.

Quel dommage que Montesquieu, si long-temps avant la révolution, déjà dominé par ses idées ou par celles des autres, n'ait abordé notre éducation qu'avec des ménagemens timides ! Chez les anciens, l'éducation manifestait par une expression vive et abrégée *l'esprit des lois* de chaque peuple. « Comment en fera-t-elle autant dans notre monarchie ? » Son sujet le portait naturellement à approfondir cette question qu'il ne fait qu'effleurer. Quels seraient les moyens de fortifier l'éducation religieuse suivant les opinions, les mœurs, le gouvernement ; de la limiter par l'éducation civile ; d'approprier l'une et l'autre aux grands du royaume ; de les communiquer au peuple ? Quelle serait la convenance de l'éducation publique ou de l'éducation privée, suivant l'état de la nation ? Il supprime ces articles si graves de son livre, et qui seraient devenus si piquans, s'il y eût introduit les jésuites de 1750, alors encore les dominateurs de notre instruction publique.

Au défaut de la France, que ne montrait-il pour l'Angleterre, puisque là rien ne le gênait, le rapport de la religion à l'éducation, et le rapport de l'une et de l'autre à la constitution ? Si Montesquieu nous eût appris à user de notre religion, comme du *premier bien*, ainsi qu'il l'appelle, ou comme d'un très-grand bien : s'il l'eût appliquée à nos institutions comme vraie ou du moins comme réprimante : en un mot, s'il eût écrit sur l'éducation en philosophe chrétien ou en philosophe indépendant, nous saurions quelque chose.

En attendant que des plumes habiles remplissent cette lacune immense, non seulement d'un ouvrage célèbre, d'une production nationale, mais encore de notre éducation monarchique, nous indiquons comme une solution approchée des questions précédentes, la coexistence dans le même collége royal d'un pensionnat religieux et d'un professorat civil. Tant cette combinaison est féconde en sa simplicité !

En effet, par cette institution, nous réformons sans pitié l'établissement religieux de 1816 : il ne pourrait convenir qu'à ceux des royalistes, qui redoutent l'influence sacerdotale à l'égal des grandeurs patriciennes, et qu'on peut ranger sous la dénomination ingénieuse de *clergé des jacobins*, inventée par M. de Bonald : encore aujourd'hui, il manque d'une organisation ferme et stable que nous demandons *pour le clergé catholique*.

Toutefois, nous n'approuverions pas que de droit ou de fait, avec une précipitation inconvenante, ou avec un flegme exemplaire, une longanimité édifiante, on absorbât les instituteurs laïques. C'est par eux que nous établissons le professorat spécial, auquel se rattachent les enseignemens d'un autre ordre : par eux, nous opposons une digue aux débordemens possibles qui menaceraient l'Université royale, l'une des colonnes de la monarchie constitutionnelle.

C'est dans les colléges royaux que nous constituons la double éducation, douée de cette énergie qu'elle ne connut jamais. Dès lors ils deviennent véritablement l'œuvre du souverain, parce qu'ils acquièrent la supériorité, soit comme les asiles les plus inviolables de la pudeur et de la piété, soit comme les dépôts assurés de la plus haute instruction sociale. Ils servent de modèle aux autres établissemens, en sorte que les vertus et les lumières se répandent par une pente naturelle, avec les modifications convenables, des colléges royaux aux institutions secondaires, et des enfans des premières conditions à ceux des classes inférieures.

C'est aux grands, aux plus nobles serviteurs du Roi, que nous destinons spécialement les colléges royaux, afin qu'ils y prennent de la religion, d'abord pour eux - mêmes, ensuite pour le peuple qui n'en aura pas tout seul, *même avec les frères*, même avec *l'enseignement mutuel*, afin qu'ils y puisent cette raison forte qui domine la multitude en l'éclairant sur ses vrais intérêts ; qui forme ainsi la raison du peuple, et engage le peuple à la former lui-même par les moyens d'instruction mis à sa portée (1). Les colléges royaux édifient, instruisent les grands directement, le peuple indirectement.

Aujourd'hui, et les grands et le peuple vivent au milieu de passions, de corruptions, d'erreurs, d'antipathies, de divisions, d'exagérations que l'éducation domestique n'est pas bien propre à détruire, puisqu'elle les fomente continuellement. C'est donc par l'éducation publique qu'il faut les attaquer. « Pacifiez la société, disait un orateur célèbre, et vous aurez pacifié les gymnases. » Nous, au contraire, nous réformons hardiment les maisons où habite la jeunesse, afin de réformer le

---

(1) Un des plus efficaces serait l'établissement de bibliothèques publiques comme il en existe en Hollande, et qui, entretenant dans les enfans du peuple les bons sentimens qu'ils auraient puisés aux écoles primaires, leur serviraient de préservatif contre les romans, les contes, les farces du genre licencieux, et même contre la philophie du Voltaire-Touquet.

monde, en y versant sans cesse une af-
fluence considérable de sujets bien pen-
sans, bien vivans; nous renouvelons là
source afin de purifier le fleuve qui en
sort. Au lieu de bâtir sur la sentence de
M. Royer-Collard, nous fondons sur la
maxime contraire la vigueur de notre institution.

Les obstacles sont grands, les ressources et les efforts de même. On con-
naît par ce qui précède, la vertu intrinsèque de chaque partie de l'institution; le
secours qu'elles se prêtent l'une à l'autre;
la manière dont elles agissent sur les
grands, dont elles réagissent sur les petits.
On a vu l'organisation de nos colléges
royaux; voyons, d'un coup-d'œil rapide,
comment elle s'appliquerait à notre situation politique, et les effets qu'elle eût
produits, à l'époque où le moderne Attila
tenait dans ses mains les destinées de la
France. Nous avons examiné ailleurs comment l'éducation publique eût empêché la

révolution; il est curieux d'examiner ici comment elle l'eût terminée.

Tel est l'avantage de cette éducation si fortement constituée, que si elle ne fait pas toujours pratiquer, elle fera toujours connaître et aimer le devoir envers soi, envers l'État, envers l'Eglise; et pour ne parler ici que de l'État, si elle n'empêche pas les crimes publics, elle les réparera par les remords, elle en diminuera le nombre et les excès par la prudence des coupables. Mais elle les empêchera, j'en atteste le talent et la loyauté des deux ordres d'instituteurs publics travaillant à garantir l'innocence des citoyens. Elle les empêchera, en créant parmi nous une conscience politique, et la conciliant avec la conscience religieuse : elle les empêchera, en prêchant à la jeunesse française dans deux écoles différentes, mais dans le même établissement, la crainte des révolutions, comme étant le commencement de la sagesse : en lui inculquant par des

motifs divers, mais également puissans,
cette maxime conservatrice du repos public, que l'*insurrection contre le gouvernement n'est pas le plus saint des devoirs*, mais
qu'elle est tout le contraire : en lui impri-
mant dans le cœur un respect sincère pour
les prérogatives constitutionnelles des patriciens et des plébéiens.

Il existe en France deux partis qui res-
semblent à deux factions constituées, parce
que la loi fondamentale n'a point uni, n'a
point séparé suffisamment les masses ri-
vales. C'est l'endroit faible de l'institution
qu'il s'agit de fortifier par l'éducation, en
inspirant à la jeunesse assez de modération, pour suppléer un jour par cet empire qu'elle prendra sur elle-même, l'énergie qui manque à la loi. Les deux ordres
d'instituteurs se réunissant franchement
dans une même direction, en présence de
la jeunesse qui les écoute, d'un côté, ré-
primeront l'ardeur effrénée qui pourrait
l'entraîner vers l'autorité et les richesses;

de l'autre, ils rempliront leurs élèves d'un abandon filial, d'une confiance monarchique, en la sage dispensation du Roi, qui ayant été l'auteur, doit encore être le consommateur de la Charte, l'interprète perpétuel de ses intentions royales envers les diverses classes de citoyens, et comme la loi vivante de son peuple. Les instituteurs publics forts de la diversité et de l'unanimité de leurs conseils, prépareront cette fusion des deux aristocraties, où consiste l'union de l'ancienne noblesse et du peuple : ils aideront le Prince à terminer la lutte de 89, à calmer les parties belligérantes, dont la Charte par les formes du gouvernement représentatif a simplement régularisé les mouvemens, en même temps qu'elle a un peu resserré le cercle, où elles se disputent le pouvoir et la fortune (1). Pendant dix ans, instruisant,

----

(1) Pour terminer cette lutte irrévocablement, il eût fallu tout simplement fixer pour l'ancienne noblesse,

exhortant les enfans des familles les plus distinguées du royaume, les instituteurs

---

pour la nouvelle, pour le peuple et même pour le clergé, le nombre de voix que chacun de ces corps aurait à la Chambre des pairs et à la Chambre des députés ; il fallait lier les deux peuples de la révolution par un acte politique pareil à la confédération germanique, où les diverses puissances jouissent d'un nombre de voix proportionné à leur importance ; pareil à la Constitution de Suède, de Bavière et du Wurtemberg, où, si je m'en souviens bien, les diverses classes de la société ont une représentation qui ne varie jamais ; il fallait déterminer par les chiffres ce que les coups de sabre avaient mal décidé ; la solution nette et parfaite du problème de la monarchie constitutionnelle tenait à une règle d'arithmétique appliquée aux deux Chambres, comme je l'ai dit, et peut-être aux grands offices de la couronne, de l'armée, de la marine et de l'administration. Une règle de *trois* eût calmé ou prévenu tous les mouvemens : *Pulveris exigui jactu compressa quiescent.*

Il fallait un deuxième statut portant que le premier ne pourrait être modifié qu'au bout de cent ans, à la majorité des deux tiers de voix, sur la proposition du Roi. De cette manière, chaque parti eût trouvé dans la Charte des réalités, et non pas seulement des droits, des espé-

publics formeront de loin des généraux, des magistrats, des orateurs, selon le cœur du Roi, défenseurs du trône légitime, amis de l'aristocratie et du peuple, ennemis des factions aristocratiques et populaires.

Ce que les Duguesclin, les Sully, les Molé furent par l'impulsion du caractère ou des exemples domestiques, les zélateurs de leur noble dévoûment à la cause royale, le seront encore par les impressions puisées aux écoles publiques.

Ce que les Montmorency, les Turenne, les Condé ne furent pas toujours, les héritiers de leur nom ou de leur renommée, placés au milieu des mêmes dissensions, le seront toujours. Grâces au Gymnase, qui leur montrera dans la vieille fidélité, d'abord les obligations du chrétien, en-

---

rances, des prétentions ; chacun eût joui paisiblement de son lot constitutionnel, sous l'autorité du père de famille qui avait fait le partage.

suite celles de l'honnête homme, du bon citoyen, du vrai Français ; au milieu du soulèvement des passions, de l'agitation des factions (s'il existe encore des factions), ils resteront calmes et soumis. Que les vents se déchaînent, que la mer s'enfle, l'éducation publique, à l'aide de ses deux ancres, retiendra le vaisseau battu de la tempête.

Ce que le maréchal Ney ne fut pas, aux derniers jours d'agitation et de confusion, qui faillirent abîmer la France dans le malheur, il l'eût été bien certainement, si des principes d'honneur et de probité, (car ici ceux de la religion n'étaient pas absolument nécessaires), lui eussent appris à tenir sa parole. Mieux développés dans son esprit par ses maîtres, et rappelés à sa mémoire par des camarades de collége, ces premiers élémens de la morale païenne, ces maximes de la vie la plus commune, dont les artisans entre eux rougiraient de méconnaître la voix, lui eussent parlé assez haut, pour lui dévoiler toute la noirceur du parjure, envers quel Roi! et pour quel homme!

Ce que Buonaparte ne fut pas, il eût pu l'être, si l'éducation lui eût donné quelque connaissance de la monarchie légitime et des motifs sacrés qui lui ordonnaient de la rétablir après la bataille de Marengo, puisqu'il le pouvait. Les commandemens de Dieu, les principes de la raison enfoncés plus avant dans son âme par ses instituteurs, y eussent ébranlé le désir d'une injuste domination : les sollicitations d'un conseil formé à la même école, l'en eussent arraché. Oui, puisque l'adulation ne l'avait pas encore gâté, tout porte à croire qu'il eût écouté son devoir et ses amis, qu'il eût cédé à la tentation de couronner des exploits admirables par une action louable.

Admettons pourtant une vérité exposée plus haut, savoir : qu'il y a un âge, des caractères, des passions, des positions, des prospérités inouïes, qui mettent obstacle à la doctrine sainte : que souvent la lumière céleste de l'Evangile fait peu d'impression sur des yeux éblouis par l'éclat de la victoire ; que l'autorité divine, qui ne laisse à l'homme que le mérite d'obéir, mortifie trop, si elle agit toute seule, cette fierté irritée par les succès militaires : je répéterai qu'alors même il est des motifs humains capables d'ôter à la doctrine chrétienne sa dureté apparente, et de préparer son triomphe sur les âmes hautaines : je dirai que ces motifs, même en les séparant de la religion (et c'est là l'avantage de l'institution civile) peuvent quelquefois déterminer l'homme puissant à un noble sacrifice, parce que trouvant ces motifs près de lui, il peut en faire honneur à sa raison, croire, en cédant, qu'il ne cède qu'à lui-même, s'abaisser, en quelque sorte, par orgueil.

Ainsi, quand le consul, dont le bras victorieux avait aplani les voies au retour des Bourbons, n'aurait pas pesé les droits de l'auguste dynastie dans la balance du sanctuaire, mais dans celle du siècle; quand sur le point de s'asseoir sur le trône de ses maîtres, il n'eût pas réfléchi qu'il résistait à l'ordre de Dieu, mais qu'il violait l'équité naturelle, la magnanimité guerrière, le patriotisme français; je ne doute point qu'il n'eût rendu justice aux illustres malheureux dont la patrie était veuve. Je veux qu'il ne méditât pas alors Bossuet, plaignant devant les autels le vainqueur de Rocroi devenu rebelle; il eût pu lire du moins Cicéron, invitant le vainqueur de Pharsale à sauver le fruit de sa rébellion par le rétablissement du gouvernement légitime, à devenir le plus grand des Romains, lorsqu'il n'était que le plus habile des capitaines. Quelle apparence que celui dont nous parlons, attaqué par tant d'endroits, ne se fût pas rendu à la fin, ne fût-ce que pour vaincre son devancier, pour faire retentir autour de lui, et jusque dans la postérité, ce vers qu'il eût rendu prophétique par son abdication :

Contemplez de Bayard l'abaissement auguste !

Ceci suppose que les souvenirs de sa jeunesse l'eussent disposé à s'entretenir en lui-même et avec les siens de ces vues hautes, quoique prises dans les passions de notre humanité ; qu'au lieu d'un seul officier, tel que celui qui lui donna ce beau conseil sur le champ de bataille, il en eût trouvé vingt autour de lui pour l'inviter à préférer la gloire au pouvoir, les suffrages de la France et de l'Europe aux applaudissemens d'une ou deux factions, le bonheur d'une race illustre, celui d'un peuple entier aux jouissances de quelques républicains métamorphosés en esclaves et en Sybarites. Mais quoi ! lui et ses meilleurs généraux avaient étudié dans celle de nos écoles où l'on s'occupait le plus de tactique et de calcul, où l'on approfondissait le moins les idées religieuses, et surtout les idées sociales, source de la morale, de la philosophie, de la politique ; les seules capables de persuader des incrédules, de tenir lieu de religion aux âmes grossières et superbes, enivrées d'elles-mêmes ; de faire honte aux *soldats* trop *heureux*, et qui ont oublié Dieu ; d'arrêter par son ambition mieux dirigée, un ambitieux aux bords du Rubicon, ou sur les marches du trône.

Reconnaissons aussi, afin d'entendre l'usurpation de Napoléon, qu'il fut mal partagé pour les qualités de l'âme. Il avait une tête et les idées fortes qui en dépendent : il n'avait pas un cœur et *les grandes pensées qui en viennent*. La nature et l'éducation ne l'avaient fait grand que sous un rapport. Ceci nous explique le phénomène de sa vie : né simple particulier, il ccignit le diadême, et marcha l'égal des plus grands monarques de la terre; mais plus il s'éleva dans l'ordre de la puissance, plus dans l'ordre de la vertu et de la sagesse, il resta au-dessous de lui-même. Ceci nous explique le phénomène de sa mort : comme le général qui osa le plus, et qui osa long-temps heureusement, il exposa sa personne d'une manière brillante ; comme le dominateur des nations, tombé deux fois par sa faute, il ne sut pas se relever noblement, lorsqu'il ne lui en coûtait que de le vouloir. Ici j'entends des hommes me répondre : « Trahi par la fortune, seul contre l'Eu- « rope entière, que vouliez-vous qu'il « fît ?... » Ses contemporains le lui disaient, sa garde fidèle lui donnait l'exemple à Waterloo. Mais sourd à la voix du monde, déserteur de l'armée et de l'honneur, il vécut trop d'un jour : il vécut *pour léguer à ses ennemis*, pour leur imputer l'ignominie d'une mort dont il était seul coupable (1).

Terminons par l'analogie que présente la division des colléges royaux en deux parties principales :

1° Avec la séparation des pouvoirs politiques ;

2° Avec la distinction si connue des deux puissances civile et ecclésiastique, dont elle présente une application positive, et à la jeunesse qui, obéissant à l'une et à l'autre, prend l'habitude de les discerner, de rendre à chacune ce qui lui appartient; et aux instituteurs, qui, comme fonctionnaires publics, se trouvent discernés par la loi et constitués dans une indépendance réciproque. Les anciens (si on excepte les Perses) n'ayant point employé le gymnase à double partie, n'ont rien dit sur les moyens de le coordonner avec la répu-

____

(1) Paroles que les relations sur l'île Sainte-Hélène attribuent à Napoléon.

blique, et les modernes, soit publicistes,
soit instituteurs, n'y ont pas songé davantage. Ils n'ont pas vu que la petite société
doit être taillée sur le patron de la grande,
et que les formes constitutives d'un collége ne doivent différer de celles d'un
Empire que par les dimensions.

FIN.

9 782329 750132